Andre Schätz

Der Zusammenhang zwischen sportlicher Ertüchtigung und militärischem Drill in der Antike

GRIN Verlag

Bibliografische Information der Deutschen Nationalbibliothek:

Die Deutsche Bibliothek verzeichnet diese Publikation in der Deutschen National-
bibliografie; detaillierte bibliografische Daten sind im Internet über http://dnb.d-
nb.de/ abrufbar.

Impressum:

Copyright © 2014 GRIN Verlag GmbH
Druck und Bindung: Books on Demand GmbH, Norderstedt Germany
ISBN: 978-3-656-93721-0

Dieses Buch bei GRIN:

http://www.grin.com/de/e-book/295696/der-zusammenhang-zwischen-sportlicher-
ertuechtigung-und-militaerischem

GRIN - Your knowledge has value

Der GRIN Verlag publiziert seit 1998 wissenschaftliche Arbeiten von Studenten, Hochschullehrern und anderen Akademikern als eBook und gedrucktes Buch. Die Verlagswebsite www.grin.com ist die ideale Plattform zur Veröffentlichung von Hausarbeiten, Abschlussarbeiten, wissenschaftlichen Aufsätzen, Dissertationen und Fachbüchern.

Besuchen Sie uns im Internet:

http://www.grin.com/

http://www.facebook.com/grincom

http://www.twitter.com/grin_com

Inhalt:

1. Meine eigenen Motivation und Begriffserklärung von Zusammenhang

Im Mittelpunkt dieser Arbeit steht nicht etwas Greifbares wie das Kolosseum oder antike Ärzte, sondern etwas Abstraktes: ein Zusammenhang. Im Weltgehirn Wikipedia ist unter diesem Terminus nachzulesen, dass dieser eine Beziehung entweder zwischen materiellen Gegenständen, gedanklichen Gegenständen (Begriffen, Aussagen, Theorien) oder Eigenschaften dieser beiden Arten von Gegenständen ist.[1] Sportliche Ertüchtigung und militärischer Drill sind gedankliche Gegenstände. Doch sollen im folgenden nicht nur ihre Beziehungen zueinander dargestellt, sondern auch die Eigenschaften dieser beiden verglichen werden. Deshalb werden sowohl Sportler und Soldaten selbst, wie auch deren Mentalitäten und Lebensumstände in dieser Seminararbeit in Bezug zueinander gesetzt werden.

Besonders freue ich mich, diese Seiten verfassen zu dürfen, weil ein Teilaspekt meines Hobbys in diese Arbeit fällt, denn ich Mitglied einer Mittelaltergruppe, deren Mitglieder in diversen Feldschlachten bei den Vollkonntaktkämpfern auftreten. Trotz forderndem Training, authentischem Auftreten und inzwischen einigen Verletzungen ist doch für jeden ersichtlich, dass wir Kampfsportler und keine Soldaten sind; ein wiederentdecktes, abgeschwächtes Relikt aus dem Mittelalter. In dem es auf den Schlachtfeldern mit Schwert und Schild noch um Haut und Haar ging. Nicht einmal der ambitionierteste Reenactor wünschte sich diese Zeiten zurück. Denn wir definieren uns über den Sport und nicht über eine eventuelle Daseinsberechtigung als Krieger.

---

[1]   Stand: 30.10.2014

2. Sport und Militär - Zusammenhang zwischen sportlicher Ertüchtigung und kriegerischem Drill

2.1 Antike Sportarten

In der ganzen Geschichte finden sich Beispiele für Drill bzw. militärische Übungen, die zu Sportarten wurden und ihre militärische Bedeutung im Gegensatz zur sportlichen nicht beibehalten konnten. In Homers Ilias wird bei Patroklos Beerdigungsspielen das Wagenrennen als Sport der Adligen dargestellt.[2] Zu dieser Zeit hatte der Streitwagen bereits einen Teil seiner militärischen Bedeutung eingebüßt. Aber auch nachdem die Streitwägen endgültig von berittenen Kriegern verdrängt worden waren, erfreute sich das Wagenrennen großer Beliebtheit. Später, zur Blütezeit Roms, waren Circusrennen eine bedeutende Sportart.[3]

„Die Kampfsportarten Ringen, Faustkampf und Pankration ließen sich sehr gut zum militärischen Training nutzen;"[4]

Dies ist eine direkte Überschneidung zwischen sportlicher Ertüchtigung und militärischem Drill. Die drei eng verwandten Kampfsportarten verlangten dem Sportler Eigenschaften ab, die auch im Drill gefördert wurden; So Brutalität, Schmerzverachtung, Mut, Kraft, Durchhaltevermögen und Geschicklichkeit.[5] Doch wird hier deutlich, dass dem Soldaten im Drill und im Kampf mehr abverlangt wurde, als dem Sportler im Kampf*sport*. Der Soldat musste nicht nur Schmerzverachtung, sondern auch ein gewisses Maß an Todesverachtung zeigen, und für sein Überleben war essentiell wichtig, dass er nicht nur brutal, sondern darüber hinaus in der Lage war den Feind zu töten. Geht man in der Sportgeschichte etwas weiter zurück, verschwimmt diese Grenze:

„Altertümlich ist die Hoplomachie (Waffenzweikampf). In voller Rüstung kommt es darauf an, dem Gegner eine blutende Verletzung beizubringen."[6]

Da die beiden 'Athleten' volle Rüstung trugen, musste man versuchen, auf die ungepanzerten Stellen zu schlagen oder zu stechen, um ein blutende Wunde zu erzeugen. Zu Homers Zeiten, als der Waffenzweikampf populär war, bestand die Rüstung

---

2   Homer: Ilias. Übersetzt von Johann Heinrich Voß. Köln 2009: S. 408 bis S. 412

3   Decker, Wolfgang: Sport in der Greichischen Antike. Vom minoischen Wettkampf bis zu dem olympischen Spielen. Hildesheim 2012: S.106

4   Ders.: S. 77

5   Ders.: S.77

6   Ders.: S.30

„[…] aus Bronzehelm, -brustpanzer, -beinschienen, Stoßspeer und Schwert (noch kein Hoplitenschild).“[7]

Ungepanzerte Stellen sind also (je nach Helmform) Gesicht, Hals, Arme, Hände und Oberschenkel. Dass es bei diesen Kämpfen oft zu Todesfällen kam, ist naheliegend. Deshalb lassen die Griechen bei Homer, Achilleus die Hoplomachie abbrechen; aus Angst um das Leben des Aias.[8]

Eine Sportart, die von den antiken olympischen Spielen bis heute ausgeübt wird, ist der Speerwurf. Er bildet eine deutliche Brücke zwischen sportlicher Ertüchtigung und militärischem Drill.[9] Der Speer war eindeutig eine Kriegswaffe, und ihn weit schleudern zu können war im Kampf entscheidend, denn in der Schlacht konnten nur die ersten ein bis zwei Reihen aktiv mit Schwert oder Lanze kämpfen. Die hinteren Reihen griffen ins Schlachtgeschehen ein, indem sie Wurfgeschosse wie Pfeile, Steine oder eben auch Speere in die gegnerische Schlachtordnung warfen.[10] Weil es im Nahkampf hinderlich war, mehr als einen Wurfspeer zu tragen, gab es in der römischen Armee eine „[...]mit Wurfspießen ausgestattete Truppe von Speerwerfern [...]“.[11]

Der Wettlauf im allgemeinen hat seinen Ursprung in der Jagd[12], der Waffenlauf ist jedoch nicht nur eine antike olympische Sportart, sondern auch fester Bestandteil des römischen Drills (auf diesen wird im Folgenden weiter eingegangen werden) und der Ausbildung der Hopliten.

> „Seine Aufnahme unter die sportlichen Disziplinen ist ein verzögerter Reflex auf die Einführung der Hoplitenphalanx [...]“[13]

Dies ist ein weiteres deutliches Beispiel für die Einflussnahme des Krieges auf die Welt des Sportes.

---

7   Pickelmann, Martin: Mit Schild und Schwert für Attika. Marburg 2008: S.17
8   Decker, Sport Antike: S.30
9   Ders.: S. 99
10   Cowan, Ross und McBride, Angus: Römische Legionäre. Übersetzt von Karolus Konzept. Königswinter 2007: S.27
11   Sumner, Graham: Die Römische Armee Bewaffnung und Ausrüstung. Übersetzt von Olaf Säckl. Stuttgart 2007: S.103
12   Decker, Sport Antike: S.66
13   Ders.: S.71

2.2 Drill im römischen Militär

Im Allgemeinen verstanden die Römer unter Drill eine konstante, tägliche Waffenübung.[14] Die Ausbildung der Legionäre war für die römische Armee von größter Wichtigkeit, denn neben Truppenstärke und Motivation war auch die (im Drill) erlernte Disziplin für den Sieg von entscheidender Bedeutung.[15]

Bevor die Ausbilder mit dem Drill beginnen konnten, mussten römische Bürger angeworben werden. Ein idealer Rekrut sollte folgende Anforderungen erfüllen können:

> „The young Soldier, therefore, ought to have a lively Eye, should carry his Head erect, his Chest should be broad, his Shoulders muscular and brawny, his Fingers long, his Arms strong, his Waist small, his Shape easily, his Legs and Feet rather nervous than fleshy."[16]

Außerdem sollte er zwischen 17 und 46 Jahre alt und bestenfalls 1,77 Meter groß sein.[17] Fanden sich zu wenig Freiwillige konnte es sowohl im Antiken Griechenland, als auch im alten Rom zu Zwangsrekrutierungen kommen.[18]

Das erste, was die Rekruten erlernen mussten, war das Marschieren im Militärischen Schritt. In diesem sollten sie in 5 Stunden 29 km zurücklegen und in Vollem Schritt 35 km, in der selben Zeit, beides mit Proviant und 20,5 Kilogramm Bewaffnung. Nachdem die Rekruten dies beherrschten, wurden sie noch im Laufen ausgebildet.[19]

Zusätzlich trainierten die Rekruten morgens und abends mit Übungsschwertern und Schilden aus Holz, mit dem doppeltem Gewicht der echten Waffen. Sie stachen oder schlugen auf einen Holzpfosten ein, als wäre er ein echter Gegner, mal auf Gesichts- oder Kopfhöhe, mal auf Bauchhöhe, mal auf Höhe der Beine.[20]

Das Schwert konnte aber nur in den vorderen Schlachtreihe verwendet werden, die Legionäre in den hinteren Reihen unterstützten ihre Kameraden mit dem Wurfspeer und mussten diesen mit viel Kraft schleudern können.[21] Dazu

---

14   Renatus, Flavius Vegetius: military institutions of Vegetius, in five books, translated from the original Latin. With a preface and notes. Übersetzt von Lieutnant John Clark. London 2010: S.26, 31
15   Ders.: S.4
16   Renatus, Military Institutions: S. 12
17   Cowan, Römische Legionäre: S.11
18   Ders.: S.12, Pickelmann, Schwert Attika: S.43 f.,
19   Cowan, Römische Legionäre: S.13, Renatus, Military Institutions: S.18
20   Cowan, Römische Legionäre: S. 14, Renatus, Military Institutions: S.22
21   Cowan, Römische Legionäre: S.27

verwendeten sie im Drill eine schwerere Übungswaffe.[22] Zusätzlich übten sie noch das Bogenschießen zu Fuß genauso wie zu Pferd, und den Gegner mit Steinen zu bewerfen, sei es nur mit der Hand oder mit Hilfe einer Steinschleuder.[23]

Sowohl Rekruten als auch erfahrene Legionäre mussten im Fallen geübt werden. Zuerst ohne Waffen von dem Rücken eines Holzpferdes aus. Wenn sie dies beherrschten, übten Sie den Fall mit dem Schwert oder der Lanze in der Hand.[24]

Essentiell wichtig für die Disziplin der Truppen war der Formationswechsel und -kampf. Legionäre mussten bestimmte Formationen bilden können, angefangen bei der geraden Linie – mit dem richtigen Abstand von Mann zu Mann – dem Keil, dem Dreieck und dem Kreis bis zur Schildkrötenformation.[25] Nach Abschluss dieser Ausbildung sollten Kavallerie und Infanterie weiterhin mindestens dreimal im Monat das Marschieren (auch in schwierigem Terrain) üben.[26]

Es lässt sich festhalten, dass die olympischen Sportarten Speerwurf und Waffenlauf Bestandteil des Drills römischer Legionäre waren.

---

22   Renatus, Military Institutions: S.26
23   Ders.: S.27f
24   Ders.: S.30
25   Renatus, Military Institutions: S.41, Cowan, Römische Legionäre: S.13
26   Renatus, Military Institutions: S.42, Cowan, Römische Legionäre: S.14

7

2.3 Lebensumstände und Charaktereigenschaften von Athleten und Soldaten

Will man den Zusammenhang zwischen militärischem Drill und sportlicher Ertüchtigung begreifen, muss man sich allgemein die Gemeinsamkeiten und Unterschiede von Soldaten und Athleten – also der Menschen die gedrillt wurden beziehungsweise sich sportlich betätigten – vor Augen führen.

Sowohl Soldaten als auch Sportler waren, schieden sie nicht wegen Verletzungen oder Tod aus, sehr lange berufstätig. Je nach Jahrhundert hatte der Legionär zwischen 6 und 21 Dienstjahre bis zur Entlassung zu dienen.[27] Griechische Athleten waren bis zu 32 Jahre lang aktiv Berufsausübende und danach noch zum Kriegsdienst tauglich.[28] Am Beispiel des Milon von Kroton „...der berühmteste aller Schwerathleten,...", ist erkennbar, dass auch Soldaten an sportlichen Wettkämpfen teilnahmen, denn er war nicht nur ein berühmter Sportler, sondern auch Heerführer.[29]

Sowohl Soldaten als auch Sportler waren abergläubisch. Sportler konsultierten vor einem Wettkampf Orakel, Traumdeuter und Zauberer um zu erfahren, ob sie siegen würden.[30] Ein weiteres Indiz ist die Adlerstandarte in der – so der Legionärsglaube – der Schutzgeist der Legion wohnte.[31] Zudem wurde manchmal auf dem Marsch ein religiöses Tieropfer dargebracht.[32] Dieser Aufwand wurde sowohl im Sport als auch im Militär betrieben, weil der Ausgang einer Schlacht, genauso wie der Ausgang eines sportlichen Ereignisses von der Moral des Sportlers oder der Soldaten abhängig war.

Nach der Opferung wurden die Tiere verspeist, was eine der seltenen Gelegenheiten war, zu denen für die normalen Legionäre Fleisch auf dem Speiseplan stand. Meist ernährten sie sich einfach, wobei hier ein Unterschied zwischen Sportler und Soldat deutlich wird; die Kost. Im Legionslager ist davon auszugehen, dass der Soldat überwiegend schwere Kost zu sich nahm, wie Militärbrot, Zwieback und Käse, wohingegen der Sportler ein spezielle Diät

---

27   Cowan, Römische Legionäre: S.:14 f.
28   Decker, Sport Antike: S.147
29   Ders.: S. 75
30   Ders.: S.153
31   Cowan, Römische Legionäre: S.76
32   Ders.: S.46

einzuhalten hatte, die – je nach Epoche – überwiegend aus Frischkäse oder Fleisch bestand.[33]

2.3.1 Sport und Militär in den freien Künsten

Ein weiterer, quellentechnisch sehr interessanter Zusammenhang ist das Auftreten in der Kunst. Es ist allgemein bekannt, dass sich siegreiche Feldherren Denkmäler setzten, wie die Hadrianssäule oder diverse Triumphbögen, um an ihre Siege zu erinnern. Auch Athleten ließen ihren Sieg in Form von Statuen für die Ewigkeit festhalten. Offiziell waren diese natürlich Weihegeschenke für Zeus.[34]

In der Literatur sind für Sport und Militär je zwei Sparten erkennbar, in die Werke dieses Kontextes fallen: zuerst die Art, die dazu geschaffen ist, die Leistungen eines bestimmen Kriegers oder eines bestimmten Sportlers zu rühmen. Im militärischen Bereich also Werke wie den *De Bello Gallico* und den *Bellum Civile*, die die Erfolge eines Julius Caesar in ein möglichst positives Licht rücken. Für siegreiche Athleten gab es das sogenannte Epinikion, welches als Preis für manche Siege ausgesetzt war.[35] Werke der zweiten Sparte beziehen sich allgemein auf Sport oder Militär und stellen keine realen Personen in den Vordergrund, sondern verwenden diese höchstens als Beispiele. So die *De Re Militari* von Vegetius.

2.3.2 Mentalität unter Sportlern und unter Soldaten

> „In all jenen Jahren hatten sie [Titus Pullo und Lucius Vorenus] als erbitterte Rivalen miteinander um ihren Rang gekämpft. Von diesen beiden sagte Pullo, als bei der Lagerbefestigung aufs Härteste gekämpft wurde: "Was zögerst du noch, Vorenus? Auf welche Gelegenheit wartest du noch, deine Tapferkeit zu beweisen? Dieser Tag wird unseren Wettstreit entscheiden." Mit diesen Worten ging er über die Lagerbefestigung und stürzte sich auf den Feind dort, wo er am dichtesten zu stehen schien. Da hielt es auch Vorenus nicht auf dem Lagerwall, er folgte Pullo auf dem Fuß, weil er um sein Ansehen bei den Anderen fürchtete."[36]

---

33   Cowan, Römische Legionäre: S.46, Decker, Sport Antike: S.147
34   Decker, Antike Sport: S.181
35   Ders.: S.197
36   Caesar, Gaius Julius: Commentarii De Bello Gallico. Übersetzt von Marieluise Deißmann. Stuttgart 2004: S.283, S. 285

Im Folgenden retteten sich Vorenus und Pullo gegenseitig das Leben und gelangten mit höchstem Ruhm bedeckt in die Befestigung zurück. Da Caesar diese Geschichte erwähnte (gleich ob sie ganz der Wahrheit entspricht, ausgeschmückt oder nur Fiktion ist) war das beschriebene Verhalten vorbildlich und zeigte, dass Legionäre – waren sie auch Rivalen – im Schlachtfeld unter allen Umständen darauf angewiesen waren, sich auf ihre Kameraden verlassen zu können. Bei Sportlern hingegen ist davon auszugehen, dass es genau andersherum war: Hatte man auch außerhalb des Wettstreits Freundschaft geschlossen, so wurde doch im Wettkampf verlangt, gegeneinander genauso erbittert anzutreten, als wenn man verfeindet wäre.

2.4. Der Sonderfall Gladiatoren

Waren Gladiatoren Sportler oder Soldaten?
Die Anfänge des Gladiatorenhandwerks liegen weder im Sport noch im Militär, sondern in Bestattungsriten.[37] Wären sie Athleten gewesen, hätte man sie wohl den Kampfsportlern zugeordnet. Dies trifft bei genauerer Betrachtung jedoch nicht zu, denn ein Ringer oder Faustkämpfer sollte nicht um sein Leben kämpfen müssen. Da der Frage nicht so leicht beizukommen ist, nun ein gründlicherer Blick auf die Gladiatoren und den Bezug der selbigen zu Athleten und Soldaten.
Die Meinung der Gesellschaft über Gladiatoren war zwiegespalten. Denn einerseits wurden sie als Kämpfer bewundert und waren bei Frauen nicht unbeliebt, doch andererseits verdienten sie ihr Geld mit ihrem Körper und befanden sich so auf einer Ebene mit Prostituierten. Ähnlich wie Sportler, die bei den Römern in diese vulgäre Sparte fielen.[38] Was die Soldaten anging, dürfte das Volk auch eher gemischter Meinung gewesen sein. Denn einerseits hielten sie die Feinde von den Grenzen fern, andererseits zwangsrekrutierten sie ihre Mitglieder und niemand war erfreut, wenn Soldaten den Freund/Geliebten/Vater/Sohn – ohne dessen Einwilligung – in eine bewaffnete Auseinandersetzung marschieren ließen.[39] Gladiatoren selbst waren stolz auf ihr Gewerbe und stellten sich auch so

37   Mann, Christian: Die Gladiatoren. München 2013: S.16
38   Ders.: S.41-43
39   Cowan, Römische Legionäre: S.12

auf ihren Grabmälern dar.[40]

Gladiatoren rekrutierten sich aus vier Gruppen: Sklaven, verurteilten Verbrechern, Kriegsgefangenen und Freiwilligen.[41] Letztere meldeten sich, weil sie davon träumten, so berühmt, so geliebt, so schnell und so mutig zu sein wie ihre Idole in der Arena.[42] Nach ihrer Rekrutierung wurden die zukünftigen Gladiatoren aus ihrer Familie und ihrem sozialen Umfeld gerissen, bekamen dafür aber in ihrer Kaserne eine neue „Familie". Nicht umsonst wurde eine Gladiatorentruppe in Rom *familia* genannt.[43] Obwohl sie wussten, sie würden eventuell gegeneinander kämpfen müssen, bildeten sie eine starke Gemeinschaft und erhoben sich hin und wieder gegen ihre Herren, dazu gleich mehr.

In der Ausbildung hatten Gladiatoren interessanterweise im Lateinischen den selben Namen wie Rekruten der Armee; *tiro*.[44] Auch Gladiatoren trainierten wie Soldaten und Kampfsportler mit schwereren Übungswaffen an einem Holzpfosten.[45] Sehr interessant ist, dass die Römer Gladiatoren als Ausbilder in der Armee einsetzten. Deshalb ist davon auszugehen, dass es mehr Gemeinsamkeiten im Training von Gladiatoren und dem Drill von Legionären gegeben hat, als nur die Übung am Holzpfosten und den Namen. Militärisch konnten Gladiatoren mit Soldaten offensichtlich mindestens gleichziehen, sonst wäre es bei dem Aufstand des Spartakus den Arenakämpfern nicht möglich gewesen, die ersten Truppen – die geschickt wurden um den Aufstand niederzuschlagen – zu besiegen.[46]

In diesem Fall kämpften die Gladiatoren für eine höhere Sache, für ihre Freiheit. Für gewöhnlich war dem aber nicht so. Sie kämpften in der Arena um das Publikum mit ihren Fähigkeiten zu begeistern, den Athleten waren sie dabei ähnlicher als den Soldaten, die für Vaterland, Familie und manchmal auch für einen General ins Feld zogen. Die Waffen der Gladiatoren waren auch standardisierte,[47] ähnlich wie die Schilde beim Waffenlauf.[48]

---

40   Mann, Gladiatoren: S.56
41   Ders.: S.37
42   Ders.: S.40 f.
43   Ders.: S.46
44   Ders.: S.49
45   Schmeer, Marion: Brot und Spiele. Erschien in Karfunkel Codex Nr.4 Die Römer, Republik und Kaiserzeit. Wald-Michelbach 2006.
46   Mann, Gladiatoren: S.48
47   Ders.: S.23
48   Decker, Sport Antike: S.71

Also könnte man sagen, dass die Gladiatoren entweder Sportler waren, die gedrillt wurden wie Legionäre, oder Soldaten, die wie Sportler zum Vergnügen des Publikums gegeneinander antraten. Gladiatoren vereinten Merkmale beider Berufsgruppen in sich. Gladiatoren bildeten gewissermaßen die Schnittmenge aus Sportlern und Soldaten.

2.5 Zusammenstellung der Ergebnisse

„Bei Homer ist der Gebrauch des Wortes *Agon* noch fließend; es kann sowohl die Versammlung (des Heeres) bedeuten als auch einen im Rahmen dieser Versammlung improvisierten Wettkampf."[49]

Also hatte zu Homers Zeiten das Wort *Agon* – je nach Zusammenhang – entweder eine militärische oder sportliche Bedeutung. Dies zeigt, wie der fließende Übergang von Sport zu Militär unter anderem stattgefunden hat.

Viele antike Sportarten wie Waffenlauf, Speerwerfen und Wagenrennen haben ihre Ursprünge eindeutig in kriegerischen Übungen. Es gab sogar direkte Überschneidungen zwischen Athleten und Soldaten, wie die Gladiatoren und eine weitere Gemeinsamkeit ist erkennbar, wenn man die Trainingsmethodik genauer betrachtet. Die Arten des Trainings von Sportlern und Soldaten waren nicht grundlegend unterschiedlich, hatten sie doch die selbe Wirkung zum Ziel: Beide sollten die Kraft und die Ausdauer – für die jeweilige Disziplin oder die Bewegungen im Kampf – erhöhen. Faustkämpfer übten einen starken Schlag an dem sogenannten *Stoßsack*, die Rekruten der Armee kräftigten ihren Schwertarm am Holzpflock.[50]

Als Ergebnis lässt sich feststellen, dass es zahlreiche Gemeinsamkeiten zwischen sportlicher Ertüchtigung und militärischem Drill gab.

---

49   Decker, Sport Antike S. 39
50   Ders.: S.147

3. Kurzer Ausblick in andere Epochen bis zur Moderne

Einige der antiken Disziplinen, deren Ursprung im Militär liegt, haben sich bis in die heutige Zeit erhalten. Manch andere hatte ein 'Comeback', wie eine abgeschwächte Form des Hoplomachie in den Fechtschulen und Burschenschaften des Mittelalters, in denen zum Teil auch 'bis zum ersten Blut' gekämpft wurde – so heute noch in schlagenden Studentenverbindungen. Und viele neue Überschneidungen haben sich aus der Waffen- und Kampfentwicklung im Allgemeinen ergeben: Krav Maga, die Nahkampfschule der Israelischen Armee, welche nun weltweit als Kampfsportart und militärische Kunst unterrichtet wird, Ritterturniere, die anfangs als Wehrübungen in Friedenszeiten aufkamen und dann zu einem eigenen sportlichen Ereignis wurden oder das Schießen im Allgemeinen, denn In jeder modernen Armee sind Schießübungen Teil der Grundausbildung, in manchem Traditionshaus kann der Besucher an der Wand bis zu 200 Jahre alte Schützenscheiben bewundern, in fast jedem größeren Dorf gibt es einen Schützenverein.

Die Beeinflussung von Sport und Militär ist in der Geschichte sozusagen ein wiederkehrendes Element.

4.Literaturverzeichnis:

Primärquellen:

Caesar, Gaius Julius:

        Commentarii De Bello Gallico. Übersetzt von Marieluise
        Deißmann. Stuttgart 2004.

Homer:

        Ilias. Übersetzt von Johann Heinrich Voß. Köln 2009.

Renatus, Flavius Vegetius:

        military institutions of Vegetius, in five books, translated
        from the original Latin. With a preface and notes.
        Übersetzt von Lieutnant John Clark. London 2010.

Sekundärquellen:

Cowan, Ross und McBride, Angus:

        Römische Legionäre. Übersetzt von Karolus Konzept.
        Königswinter 2007.

Decker, Wolfgang:

        Sport in der Griechischen Antike. Vom minoischen Wettkampf
        bis zu dem olympischen Spielen. Hildesheim 2012.

Pickelmann, Martin:

        Mit Schild und Schwert für Attika. Marburg 2008.

Sumner, Graham:

        Die Römische Armee Bewaffnung und Ausrüstung. Übersetzt
        von Olaf Säckl. Stuttgart 2007.

Schmeer, Marion:

        Brot und Spiele. Erschien in Karfunkel Codex Nr.4 Die Römer.
        Republik und Kaiserzeit. Wald-Michelbach 2006.

Mann, Christian:

        Die Gladiatoren. München 2013